El SOL
nos pertenecerá a todos nosotos

Manifiesto
nuevo orden mundial

Mehmet KILIÇ

Traducido del alemán por Verónica Höft

Me gustaría dar las gracias a mi querida colega Verónica Höft por su valioso apoyo lingüístico.

El SOL
nos pertenecerá a todos nosotos

Manifiesto
nuevo orden mundial

Mehmet KILIÇ

Traducido del alemán por Verónica Höft

Mehmet Kılıç

El sol nos pertenecerá a todos nosotos
Manifiesto nuevo orden mundial

1. Auflage 2021

Mehmet Kılıç

E-Mail: lwn.mtp@gmx.de

Internet: www.mehmetkilic.com

Youtube: „El sol nos pertenecerá a todos nosotos"
Herstellung und Verlag:

BoD – Books on Demand Norderstedt

ISBN : 978-3-7534-9118-9

PRÓLOGO

El sistema social imperante, con su filosofía espíritu de competición, obliga al hombre y a la sociedad a tener cada vez más, a ganar cada vez más, a ser cada vez más poderoso para dominar.

El sistema presiona al individuo, lo que hace que las personas luchen sin cesar por cualquier medio, ya que todos quieren salir victoriosos.

Sin embargo, durante esta lucha brutal, los humanos destruimos las condiciones básicas de la existencia, el único y exclusivo hogar comunitario de todos los seres vivos, y nos preparamos para el fin de la vida en nuestro planeta.

Mehmet Kılıç, con su "Nuevo Orden Mundial" bajo el lema "El Sol nos pertenecerá a todos", se compromete a eliminar todos los pensamientos y acciones, con sus causas y consecuencias, que supongan una amenaza para la vida en la Tierra.

Para asegurar la vida en la tierra y establecer un modelo social de vida humano, el autor hace propuestas concretas.

Sus propuestas incluyen cambios fundamentales de contenido y diferencias metodológicas respecto a las ideas y pensamientos de muchos filósofos y científicos como John Locke, Montesquieu, İmmanuel Kant, Karl Marx, Albert Einstein, Hans Küng, Otfried Höffe, Zhao Tinyang, etc. sobre la "paz mundial" y el "Nuevo Orden Mundial".

El autor interpreta la vida en la tierra de acuerdo con su filosofía de la Unidad-Sanidad, que tiene como núcleo principios universales como la unión y la igualdad, en los que basa su manifiesto del Nuevo Orden Mundial.

Con su manifiesto, Mehmet Kılıç hace un llamado a la humanidad para que detenga todas las formas de acción que ponen en peligro la vida en la tierra y establezca un modelo social de vida humano para todos.

Introducción

Estimados lectores,

¡El sol nos pertecenerá!
Me alegra reunirme con ustedes para tartar sobre mi manifiesto "Nuevo Orden Mundial".
La vida en nuestro planeta es única y singular. Todas las plantas, todos los animales y todos los seres humanos son dignos de ser apreciados y también de ser protegidos. Por sobre todo es la Madre Naturaleza: el aire, el agua y la tierra merecen ser protegidas.

Pero es muy preocupante la forma como nos corportamos con ella.

Ya hemos aserrado la rama verde sobre la que estamos todos sentados hace bastante tiempo. Si caemos, no sólo caemos nosotros, las siete mil millones de personas, sino que junto con nosotros, nuestros gatos y rosas.

Si seguimos luchando así, por un lado, y, por otro, serrando la rama en la que estamos sentados, viviremos nuestro último aliento en un clamor sin precedentes, como las últimas víctimas de la insensatez y la locura, sin poder pasar ni una sola vez a la historia.

Como fundador y presidente de la sociedad por la paz "Hand in Hand e.V. Bad Kreuznach", trabajo desde hace años por una vida más humana en el mundo. Como resumen de mis reflexiones filosófica-políticas de muchos años sobre el tema de la paz mundial, me gustaría presentar a vosotros el "Nuevo Orden Mundial".

Si a usted también le preocupa la vida en nuestra tierra y busca una salida, mi manifiesto también podría interesarle.

De antemano le agradezco mucho.

PARTE I

Mi problema

- Estoy muy preocupado por el futuro de nuestro planeta, ya que la paz y la seguridad desaparece en todo el mundo.
- Además muchoas especies se están exterminando.

Causas de la aparición

- El orden mundial existente obliga al hombre y a la sociedad a una carrera: a ganar, a ser cada vez más rico, más fuerte y a conquistar más y más para dominar.

- Este deseo se alimenta para crear consecuencias peores, como guerras interminables, explotación, pobreza y secuelas dolorosas. Es una "¡LOCURA!"

- Al mismo tiempo, el sistema hace que se destruya el habitat común de todos los seres vivos y las condiciones de existencia que proporciona. ¡Así el sistema prepara el "FIN AMARGO" de la vida en la tierra!

Además, afirmo:

1. el sistema social imperante está en desacuerdo con la razón humana.

2. no se puede esperar que la mentalidad que transforma la energía humana en dinero, beneficio y poder mediante el trabajo y el esfuerzo garantice la felicidad de la humanidad.

3. no se puede esperar que la misma mentalidad impida el abuso del habitat común de la humanidad, que detenga la destrucción de las condiciones de existencia de la vida y que logre una seguridad sostenible de la vida en nuestro planeta.

4. ¡La humanidad es infeliz! ¡El peligro es aterrador! ¡La LOCURA es cada día más LOCA! El FINAL AMARGO se acerca rápidamentemente. ¡No hay más tiempo que perder!

5. Ni una persona, ni una nación, ni un estado son los únicos responsables de esta situación. La responsabilidad de ello recae en el orden mundial imperante.

6. ¡Ningún ser humano debe cerrar los ojos, ni a esta LOCURA ni al Amargo Final que se acerca furiosamente!

7. el único poder que puede detener la LOCURA y evitar el FINAL AMARGO es la propia humanidad.

RESULTADO

El orden mundial existente ya no puede continuar de esta manera. Se ha convertido en un problema de la humanidad que debe ser resuelto de forma absoluta y urgente.

PROPUESTA DE SOLUCIÓN

Para resolver este problema, propongo establecer un nuevo orden mundial.

EL NUEVO ORDEN MUNDIAL

El Nuevo Orden Mundial tendrá como objetivo asegurar la vida y la felicidad de la humanidad en la Tierra.

PARTE II

Pregunta 1: ¿CÓMO SERÁ EL NUEVO ORDEN MUNDIAL?

El Nuevo Orden Mundial se apoyará en tres pilares básicos que se alimentan, refuerzan y aseguran mutuamente:

Pilar I: La Filosofía de la Unidad y la Totalidad.
Pilar II: El sistema educativo
Pilar III: Las reglas básicas de la vida en el mundo

Pasemos ahora a los pilares individuales:

Pilar I
LA FILOSOFÍA UNIDAD-TOTALIDAD

Para ilustrar la filosofía Unidad-Sanidad, me gustaría invitarle imaginariamentemente a un breve viaje. Por favor, cierre los ojos e imagine:

EL UNIVERSO Y LA UNIDAD - LA TOTALIDAD.

- El universo infinito, junto con sus innumerables estrellas, grupos de estrellas y galaxias, que en sí mismos forman sus propias unidades y conjuntos, forman una unidad-totalidad.

- La Vía Láctea, como parte indispensable del universo, forma una unidad- totalidad.
- El sistema solar, como parte inseparable e indispensable de la Vía Láctea, forma una unidad- totalidad.
- La Tierra, como parte inseparable del sistema solar, es una unidad-totalidad.
- El mundo de los seres vivos, como parte inseparable de la tierra, es una unidad- totalidad.
- La humanidad, como parte inseparable del mundo de los seres vivos, es una unidad-. totalidad

EL INDIVIDUO Y LA UNIDAD-TOTALIDAD

El individuo, al que llamamos "hombre", encarna con todo su ser una unidad- totalidad y es una parte indispensable de la humanidad.

- El cuerpo del hombre está formado por órganos, partes e innumerables células.
- Cada órgano, cada parte y cada célula forman su propia unidad- totalidad.
- Cada órgano tiene una estructura, una forma, una tarea y una función diferentes a las de los demás y puede funcionar independientemente de los demás.
- Si falta alguno de los órganos o deja de funcionar, la unidad corporal queda incompleta y no hay plenitud.
- Si uno de los órganos se separa de la totalidad del cuerpo, esto conduce al fin de su vida, al igual que una célula también muere si se separa de un órgano.

- Un ser humano puede funcionar como individuo y llevar su vida sólo si todos sus órganos cumplen su tarea en una cooperación armoniosa.

Una imagen para comprender mejor:

Peter está sentado en la cocina. De repente, siente un olor. Se da cuenta de que este olor es un olor a quemado. Gira la cabeza hacia la estufa. ¿Qué es lo que ve? Un trozo de papel de periódico está ardiendo en la estufa. Entonces Peter se levanta de un salto, corre hacia la estufa y apaga las llamas.

- El órgano que percibe el olor es la nariz de Pedro.
- El órgano que ve las llamas no es el estómago de Pedro, sino sus ojos.
- Los órganos que lo llevan a la estufa no son sus manos, son sus pies.

¿Cómo habría resultado eso
- si la nariz de Pedro no pudiera oler el fuego?
- si los ojos de Pedro no hubieran podido ver el fuego?
- si las manos de Pedro no fueron capaces de apagar el fuego?

Resultado:

Un cuerpo forma una unidad- totalidad con todos sus órganos y cumple su función gracias a que todos los órganos actúan juntos y armoniosamente.

¿Qué opina, podemos trasladar este resultado a la vida social?

LA SOCIEDAD Y LA UNIDAD-TOTALIDAD

La vida social comienza cuando al menos dos personas se encuentran por algo que les une en ese momento.

Como ejemplo, supongamos que una mujer joven y un hombre joven se encuentran atractivos. Toman la decisión de vivir juntos.

- Al principio de la decisión, se sabe quién desempeñará cada papel en cada área de la vida.
- En otros ámbitos de la vida, con el tiempo se hace evidente quién asumirá prioritariamente una u otra cosa.
- En las áreas en las que la mujer es más competente, el hombre adoptará la posición de apoyo.
- En las zonas donde el hombre es más fuerte, la mujer actuará como segunda persona.

Resultado:

Esta joven pareja podría formar la unidad social más pequeña. Los dos podrían construir y llevar una vida juntos en una forma armoniosa.

Otro ejemplo:

Una familia quiere construirse una casa. ¿Puede esta familia construir esta casa desde los cimientos hasta el tejado, sin ayuda externa?

En la construcción de una casa, tendrían que colaborar multitud de personas de diferentes profesiones, como arquitectos, albañiles, techadores, etc.

Las personas de estos grupos se reúnen y forman una unidad-totalidad. Los miembros de esta unidad- totalidad trabajan juntos y construyen la casa.

Podemos trasladar la forma de actuar del equipo de construcción a todos los ámbitos, a todos los sectores de la vida social.

LA HUMANIDAD Y LA UNIDAD-TOTALIDAD

- El individuo se compone de órganos y forma una unidad- totalidad.
- Los órganos sociales se componen de individuos y cada uno de ellos forma una unidad- totalidad.
- Las sociedades se componen de órganos sociales y cada uno de ellos forma una unidad-totalidad.
- La humanidad se compone de sociedades y forma la unidad-totalidad.

Así, la humanidad forma una unidad- totalidad, al igual que el universo se compone de innumerables estrellas, grupos de estrellas y galaxias.
La humanidad constituye una unidad- totalidad, al igual que el ser humano individual, por ejemplo Pedro, está compuesto de órganos, que a su vez están compuestos de partes e innumerables células.
La humanidad es tanto una unidad-objeto como un órgano social, por ejemplo, la industria de la construcción, que está formada por individuos con diferentes habilidades y competencias, como arquitectos, albañiles, techadores, etc.

Ahora lo resumo todo:

RESULTADO PARA EL INDIVIDUO

Cada individuo, cada ser humano que ha comprendido plenamente la filosofía de la Unidad-Totalidad, descubre un camino que le conduce a su interior.

En el viaje hacia el interior lo hará:
1. Descubrir y llegar a conocer las bellezas y riquezas indescriptibles de su mundo interior,
2. Sentir cada vez más intensamente lo importante y valioso que es.

Comenzará a:

- dejar de compararse con otras personas y aceptarse tal y como es,
- respetarse cada vez más y a quererse cada vez más,
- irradiar la belleza de su mundo interior y su creciente alegría de vivir al mundo exterior,
- ver a todas las personas de esta manera. A conocerlas y tratarlas como si cada una de ellas fuera "él mismo",
- a respetar la Madre Naturaleza sobre una base verdadera, sana y estable.
- De este modo, cada individuo que haya interiorizado la filosofía de la Unidad-Totalidad encontrará el verdadero yo, es decir, el SER, y comprenderá el sentido de la vida universal.

RESULTADO PARA LA SOCIEDAD

Con la interiorización de la filosofía de la Unidad-Totalidad se iniciará un proceso de cambio en la personalidad del individuo. Un proceso de cambio que pronto se dejará sentir en la vida social de toda la humanidad.

Como resultado

- Las personas ya no medirán el valor de los demás en función de sus diferentes habilidades y competencias o en función de su estatus en la sociedad.
- No verán a nadie más valioso ni menos valioso que ellos mismos.
- No verán que su trabajo vale más o menos que el de los demás.
- La gente se dará cuenta de que todos los grupos, las comunidades, las sociedades y la humanidad constituyen una unidad- totalidad.

RESULTADO PARA LA HUMANIDAD

- Podemos trasladar la forma de actuar de un individuo, por ejemplo la de Peter, a la forma de actuar de un órgano social, por ejemplo, la industria de la construcción.
- Podemos trasladar la forma de actuar de un órgano social, por ejemplo la industria de la construcción, a toda la sociedad, por ejemplo Alemania.

- Podemos trasladar la forma de actuar de una sociedad, por ejemplo de Alemania, a toda la sociedad humana, o al "cuerpo humano".

Los principios y valores más importantes de la Unidad-Totalidad:

1. Mantenerse juntos

Ser una unidad; como los órganos de un cuerpo humano, el personal de un hospital, la tripulación de un avión, los trabajadores de una fábrica....

2. igualdad

- Todos somos iguales;
- Indiscutiblemente existe una igualdad entre todos los seres humanos.
- Indiscutiblemente existe una igualdad entre todas las función y trabajos.

Ahora formaré una síntesis de "unión" y "equivalencia" y diré:

¡Somos todos para todos!

Dado que todos los individuos que componen los órganos sociales, las sociedades y el conjunto de la humanidad interiorizarán a fondo la filosofía de la Unidad-Totalidad, conformarán y conducirán sus vidas de acuerdo con el espíritu de esta filosofía: ¡Todos somos para todos!

Por esta razón usted tendrá:

- una comprensión común,
- una conciencia común y
- conciencia común al máximo en todas las esferas de su vida personal y social para asegurar la vida en nuestro planeta, su propia felicidad y la felicidad de la humanidad.

PARTE III

Pilar II
EL SISTEMA EDUCATIVO

El objetivo es educar y formar a las nuevas generaciones de individuos que moldearán y conducirán su vida personal y social de acuerdo con la filosofía de la Unidad-Totalidad. Para lograr este objetivo, la fundación del Nuevo Orden Mundial se pone en marcha con una movilización sostenida llamada "despliegue desde la cuna hasta la tumba".

Ahora intentaré presentar brevemente el "desarrollo desde la cuna hasta la tumba".

EXPANSIÓN DE LOS MARCOS DE REFERENCIA

Toda la tierra estará dotada de marcos de referencia que responderán a los cambios, al nuevo sistema de educación y formación o al nuevo orden mundial.
Además, se fundarán en todo el mundo "centros de educación y formación para la vida", que tienen como objetivo:

- demostrar el modo de vivir en forma natural y con la naturaleza,
- utilizar los recursos naturales de la tierra de forma inteligente,
- eliminar las causas del éxodo masivo y del transporte masivo...

FORMACIÓN DE PROFESORES

Los candidatos a profesores deben tener las aptitudes adecuadas para la profesión y desearla realmente.

En la formación, se desarrollan las capacidades más fuertes de todos los candidatos para que estén dotados de habilidades versátiles y estables.

Los candidatos reciben una formación pedagógica adecuada para las materias y grupos de edad apropiados.

CONTENIDO

1. TRANSMISIÓN DE LA FILOSOFÍA UNIDAD-TOTALIDAD

Cada bebé recibe los mejores valores básicos de la nueva filosofía de la vida, como la leche materna, ya en la cuna. En la escuela, los niños interiorizarán a fondo y aprenderán a vivir la filosofía de la Unidad-totalidad.

2. FOMENTO DE LOS TALENTOS PERSONALES

Todas las capacidades naturales de cada niño se exploran, se descubren y se dotan de las mejores habilidades lo antes posible.

El niño está capacitado para aplicar todas sus capacidades en su vida personal y social.

3. DESARROLLO DE LA PERSONALIDAD

- El niño es guiado y atendido con atención, cuidado y sensibilidad.
- Aprenderá a conocerse a sí mismo, a su mundo interior y a quererse y apreciarse.
- El niño aprenderá a respetar a los demás y a valorarlos y protegerlos como a él mismo.
- Aprenderá a trasladar sus "valores" personales al plano social.

4. PREPARACIÓN
PARA LA VIDA PRIVADA Y SOCIAL

- Los jóvenes se preparan para su vida privada y social según la filosofía de la Unidad- totalidad.
- Se les cría y educa para que se conviertan en personalidades sanas con las capacidades mejor desarrolladas.
- No se forman como especialistas para las profesiones existentes, sino como personalidades estables con un alto sentido de la responsabilidad.
- Se les permite llevar su propia vida con éxito y alegría, así como participar de forma constructiva, creativa y activa en la vida social.

Pilar III
REGLAS BÁSICAS DE LA VIDA EN EL MUNDO

Las Reglas Básicas de la vida mundial deben entenderse como la constitución del estado mundial. Dado que primero deben ser elaborados por el parlamento fundador y adoptados por el Parlamento Mundial de los Pueblos, no quiero dar detalles sobre su contenido por el momento.

PARTE IV

Pregunta 2: ¿CÓMO SE ESTABLECERÁ EL NUEVO ORDEN MUNDIAL?

ESTADO MUNDIAL

Para establecer el Nuevo Orden Mundial, la humanidad necesita una organización fuerte, estable y fiable. Este será el estado mundial.

Pregunta 3: ¿CÓMO SERÁ EL ESTADO MUNDIAL?

A) LA FILOSOFÍA ORGANIZATIVA DEL ESTADO MUNDIAL

En la organización del Estado Mundial se ejemplifica que la humanidad, al igual que un cuerpo humano sano, no vive en contra de sus propios órganos y células, sino a favor de todos; así se ejemplifica la síntesis de los valores y principios de la filosofía de la Unidad-Totalidad: ¡Todos son para todos!

LA DEMOCRACIA Y SU FUNCIONAMIENTO

La democracia se reconfigura o se optimiza:

Ideas, pensamientos y acciones que:

- causar la destrucción de la Madre Naturaleza
- complican y ponen en peligro la vida humana,
- violan la dignidad humana,

no encontrarán lugar en la nueva comprensión de la democracia.

Todas las ideas, pensamientos, comportamientos y actividades:
- que están en armonía con la Madre Naturaleza, con la existencia de todos los seres vivos, especialmente con la salud y la dignidad del hombre,
- aceptado por el sentido común y la conciencia y confirmado por el sentido común de la responsabilidad

se cuentan entre las libertades democráticas naturales ilimitadas.

REPARTICIÓN DE RESPONSABILIDADES

El principio de la distribución de poderes pierde su lugar frente al principio de "distribución de responsabilidades".

Los motivos:
1. debido al sentido estable de la responsabilidad de cada individuo, la influencia, la crítica o cualquier control del exterior serán superfluos.

2. cada uno cumplirá su deber en el servicio a la comunidad con la responsabilidad con la que lo haría en su vida personal y social.

LAS ELECCIONES

Todos los ámbitos de la vida en las zonas de elección serán redefinidos y establecidos.

Como "ámbitos de la vida" se entienden los sectores en los que la gente se dedica a ganarse la vida, por ejemplo, la agricultura, el trabajo en fábricas, la educación, etc.

LIBRE ELECCIÓN Y TRANSPARENCIA

Todos cumplen el requisito de elegir, si pueden demostrar su capacidad para representar a un sector de la vida en un parlamento.
Los candidatos son elegidos directamente por el electorado en una comisión para representar ese ámbito de la vida, en ese parlamento.
Así, cada vez está más claro quién ha elegido a quién para qué y quién ha sido elegido por quién para qué tarea.

RENOVABILIDAD FLEXIBLE

El principio de "renovabilidad flexible" de los elegidos, al cambiar en cualquier momento por iniciativa propia, garantiza que la funcionalidad y el rendimiento del estado mundial puedan mantenerse siempre en el nivel óptimo.

PARTIDOS POLÍTICOS

Los partidos políticos están perdiendo su razón de ser por dos razones importantes:

1. En la conformación de la vida social, se convierte en algo natural emplear el sentido común y la conciencia común para objetivos comunes.

2. Los candidatos no son elegidos por su afiliación a un partido u organización, sino por su capacidad.

B) ESTRUCTURA ORGANIZATIVA DEL ESTADO MUNDIAL

LA ORGANIZACIÓN CIVIL
El pueblo para el pueblo

La organización de servicios "El pueblo para el pueblo" surgirá del pueblo, con el pueblo y para el pueblo, y servirá a todos de forma gratuita.

En los Centros de Información Popular, los ciudadanos obtendrán respuestas rápidas, fiables y comprensibles a sus preguntas sencillas, como "qué" o "dónde".

En los Centros de Asesoramiento a las Personas, los ciudadanos obtendrán información detallada y fiable de expertos para su proyecto, como por ejemplo "Cómo construir una casa".
En los Centros de Asesoramiento al Pueblo, el personal profesional guiará a los ciudadanos en la resolución de sus problemas. Por ejemplo, si alguien quiere construir una casa, se le guiará desde la planificación, el cálculo de los costes hasta el diseño del jardín.

En estos centros de servicios, además del personal profesional, también ofrecerán sus servicios filósofos, señalizadores y mediadores.

Los filósofos guiarán al personal de todos los centros de servicio y unidades administrativas para que los servicios se realicen de acuerdo con la filosofía de la Unidad-Totalidad.

En los Centros de Asesoramiento a las Personas y en los Centros de Atención a las Personas, los señalizadores se encargarán de que los servicios se ajusten a las "normas" de los parlamentos.

Los mediadores trabajarán únicamente en los Centros de Orientación Popular y guiarán a las partes discrepantes para que lleguen a un acuerdo sobre cuestiones comunes.

LA ORGANIZACIÓN ESTATAL

Las estructuras organizativas del Estado mundial serán las siguientes:

1. Unidades administrativas locales
    (como los municipios y ayuntamientos actuales)
2. Unidades administrativas regionales; (como los estados federales en Alemania o los países de gobierno central como Francia)
3. Unidades administrativas continentales
4. Parlamento mundial de representantes del pueblo

Las unidades administrativas se ocuparán de los asuntos que sean de su competencia y responsabilidad.

PARTE V

Pregunta 4: ¿QUÉ HARÁ EL ESTADO MUNDIAL?

A) MEDIDAS INMEDIATA

En el primer paso, el Estado Mundial aplicará medidas inmediatas.

Medida inmediata 1:

¡DETÉN LA LOCURA! ¡Evita el final amargo!

Esto incluye
- Para detener la destrucción de la naturaleza
- Disolver todas las instalaciones militares, destruir todas las armas y poner fin a todas las guerras,
- Alimentar a todos los hambrientos,
- Proporcionar hogares a todos los sin techo,
- para detener la trata de personas y la esclavitud sexual,
- ...

Medida inmediata 2:

DESARROLLAR INFRAESTRUCTURAS.

Todas las infraestructuras de todos los ámbitos de la vida en todo el mundo serán rediseñadas de acuerdo con los valores y principios de la filosofía de la Unidad-Totalidad.

Medida inmediata 3:

ASEGURAR LA VIDA EN LA TIERRA

Para asegurar la vida en la Tierra, el Estado Mundial, junto con sus ciudadanos, se encargará de:
1. Poner fin definitivamente a la destrucción de la Madre Naturaleza,
2. eliminar las causas de la pobreza y sus consecuencias con un "nivel de vida mínimo".

B) ESTABLECER EL NUEVO ORDEN MUNDIAL

En el segundo paso, el Estado Mundial comenzará a construir el Nuevo Orden Mundial junto con sus ciudadanos.
Todas las esferas de la vida en todo el mundo serán descritas de nuevo y rediseñadas bajo la luz de tres focos:
- La filosofía de la Unidad-Totalidad,
- El nuevo sistema de educación, y
- Las reglas básicas de la vida en el mundo.

El periodo de transición entre el antiguo y el nuevo sistema está especialmente marcado por:

1. Consideración, empatía y sensibilidad hacia la alteridad y los valores existentes, por un lado,
2. La determinación y la firmeza en el establecimiento del nuevo orden mundial, por otro.

NUEVA FORMACIÓN DE OTROS ÁMBITOS DE VIDA.

Algunos ejemplos:

REORGANIZACIÓN DEL SISTEMA JURÍDICO

El sistema jurídico se reorganizará por las siguientes razones:

1. Se ha demostrado la incompatibilidad de las leyes nacionales con la mente universal y la impracticabilidad de estas leyes,
2. Ningún individuo, sociedad o estado será privilegiado,
3. El nuevo sistema no producirá culpables ni autores,
4. Las causas de la injusticia desaparecerán por sí mismas,
5. La probabilidad de injusticia y la necesidad de defenderse desaparecerán,
6. la nueva visión del mundo mantendrá la ley universal como un logro de la humanidad para la eternidad.

NORMAS EN LUGAR DE LEYES

La convivencia en el nuevo mundo se regirá por REGLAS, no por leyes.

Los parlamentos no aprobarán leyes en las que, en caso de posible incumplimiento, se aplicarán de nuevo leyes penales.

Los parlamentos desarrollarán "reglas básicas" que surjan de las necesidades humanas naturales y que serán seguidas por los individuos, la sociedad y el estado.
Las "reglas básicas" clave se mantendrán...

- que se mantengan en el menor número posible,
- formulado en oraciones principales simples, siempre con el sujeto "yo"...
- ofrecidos para el aprendizaje tanto en la lengua mundial como en las lenguas maternas de todos los ciudadanos.

Si se trata de respetar las normas de una actividad planificada, por ejemplo, la construcción de una casa, pueden recuperar estas normas de "El pueblo para el pueblo".

CASOS NO CONCLUYENTES

En los casos de inconclusión, intervendrán los señalizadores y mediadores que trabajan en los centros de apoyo popular.

ABOLICIÓN DE LA INSTITUCIÓN MILITAR

Las razones de la existencia de los militares desaparecerán por sí mismas, porque ya no existirá la necesidad anterior de su uso; por ejemplo:
- La conquista de las tierras, las fuentes y los valores que pertenecen a otros,
- defensa de un país, de un pueblo contra los ataques de otros, etc.

LA SUPRESIÓN DE LA ORGANIZACIÓN POLICIAL

La necesidad de la existencia de la policía ya no existirá, porque la abolición del poder judicial y el establecimiento de "El pueblo para el pueblo" harán superfluas las anteriores tareas de apoyo, protección y supervisión de la policía.

SUPRESIÓN DE LAS ORGANIZACIONES DE INTELIGENCIA

Dado que las causas que llevan a los individuos y a las sociedades a la "locura" ya no existirán, la recopilación de información secreta sobre los demás resultará inútil.

Como resultado, también se suprimirán las organizaciones de inteligencia.

SUPRESIÓN DE LAS FRONTERAS NACIONALES

Debido a la constatación de que
- la división artificial de la Madre Naturaleza no tiene sentido
  y
- todos los seres vivos pertenecen a la tierra y no es al revés,

se suprimen las fronteras entre países.

PARTE VI

Pregunta 5: ¿CÓMO SE FUNDARÁ EL ESTADO MUNDIAL?

GRUPOS DE INICIATIVA

- En cuanto la gente se da cuenta de que el sistema social imperante ya no puede continuar y que es necesario actuar urgentemente, estas personas forman en todas partes grupos de iniciativa.

En estos grupos de iniciativa, las personas interiorizan a fondo la filosofía de la Unidad-Totalidad.

- Hacen suyo mi manifiesto "Nuevo Orden Mundial", se informan mutuamente y lo discuten.
- Los Grupos de Iniciativa se organizan en todo el mundo y se conectan entre sí.
- Inician una campaña mundial de información, informando a la gente
  - ➢ sobre la intolerancia de la locura y las dimensiones de los peligros y
  - ➢ el Manifiesto del Nuevo Orden Mundial.
- Una vez que la campaña de educación alcance su objetivo, los grupos de iniciativa pedirán a la comunidad mundial que forme un parlamento fundador de un estado mundial.

PARLAMENTO FUNDADOR

- Sobre la base de la convocatoria de los grupos de iniciativa, se celebran elecciones representativas para el parlamento fundador en los estados nacionales.

- El Parlamento Fundador
  - ➤ asume sus funciones en un lugar adecuado del mundo,
  - ➤ establece los Principios Mundiales de la Vida,
  - ➤ lleva a cabo una campaña educativa mundial centrada en las Reglas Básicas de la Vida Mundial.
  - ➤ y luego realiza una encuesta ciudadana sobre el tema.

- El Parlamento Fundador invita a las naciones del mundo a establecer el Parlamento Mundial Representativo de los Pueblos una vez que determine que tanto la campaña educativa como la encuesta ciudadana han alcanzado sus objetivos.

PARLAMENTO REPRESENTATIVO DE LOS PUEBLOS DEL MUNDO

- Por invitación del Parlamento Fundador, los pueblos de sus países eligen a sus representantes en el Parlamento Representativo de los Pueblos del Mundo.
- El Parlamento Mundial Representativo de los Pueblos

> ➢ comienza su servicio,
> ➢ adopta los Principios Mundiales de la Vida y
> ➢ elige al presidente del estado mundial

- A continuación, los pueblos del mundo celebran la fundación del Estado mundial.

PALABRA DE CIERRE

Estimados lectores,

Mis preocupaciones por la vida única y singular de nuestro planeta y mi propuesta para resolver el problema de la humanidad, se las he presentado en forma breve.
Espero que la urgencia de la acción y la viabilidad de mi manifiesto le sea claro y que mi deseo se cumpla.

¡La situación es grave!

¡No tenemos tiempo que perder!

Nos encontramos en una bifurcación del camino.

¡Es el momento de tomar la decisión histórica!

¡Es hora de empezar!

¡Es hora de unir fuerzas!

¡Detengamos la locura, detengamos el gran peligro, detengamos el amargo final!

Ante todo, es el momento de los que se aman a sí mismos, de los que aman la rosa, los claveles, los tulipanes; de los que aman a los gatos, a los perros, a las palomas.
En primer lugar, es el deber de quienes respetan y valoran a la Madre Naturaleza, al hombre y a la humanidad.

¡Y yo mismo considero que es mi deber utilizar toda mi habilidad y fuerza en este camino urgente!

¡Deseo que todos tengamos éxito!
¡Se lo agradezco de todo corazón!
¡El sol nos pertenecerá a todos!
¡Adiós!